CATALOGUE

DES

OBJETS D'ART

ET DE

BEL AMEUBLEMENT

DES XVIe, XVIIe ET XVIIIe SIÈCLES

Faïences italiennes et françaises, Porcelaines de Saxe, Chine et autres
Émaux de Limoges, Orfèvrerie, Bois sculptés, Ivoires
Précieux dizain en piqué d'or, au chiffre d'Henri II
Tableaux, Pastels
Bronzes, Émaux cloisonnés, Marbres
Garniture de cheminée, Surtout de table de Froment-Meurice

MEUBLES EN BOIS SCULPTÉ DU XVIe SIÈCLE

Cabinet hispano-arabe, Commodes Louis XIV et Louis XV
Salon en velours de Gênes et bois doré style Louis XVI
Sièges de fantaisie, Piano, Consoles, Bibliothèques
Chambre à coucher style Louis XVI

TRÈS BELLES TAPISSERIES

DONT UNE TISSÉE D'ARGENT

à sujets mythologiques et allégoriques

Riches Tentures, Étoffes brodées, Tapis

Manuscrit, Catalogues illustrés

DONT LA VENTE AURA LIEU

HOTEL DROUOT, SALLE N° 8

Les Jeudi 14 et Vendredi 15 Février 1889

A DEUX HEURES

Par le Ministère de Me **GEORGES BOULLAND**, commissaire-priseur
26, rue des Petits-Champs, 26

Assisté de **M. A. BLOCHE**, expert
25, rue de Châteaudun, 25

Chez lesquels se distribue le présent Catalogue

EXPOSITIONS

PARTICULIÈRE	PUBLIQUE
Le Mardi 12 Février	Le Mercredi 13 Février
DE 2 HEURES A 6 HEURES	DE 1 HEURE 1/2 A 5 HEURES 1/2

Nota : Le Catalogue servira pour entrer à l'Exposition particulière

CONDITIONS DE LA VENTE

Elle sera faite au comptant.

Les acquéreurs payeront, en sus des adjudications, *cinq pour cent* applicables aux frais.

L'exposition mettant le public à même de se rendre compte de l'état et de la nature des objets, il ne sera admis aucune réclamation une fois l'adjudication prononcée.

Paris. — Imp. de l'Art. E. Ménard et Cie, 41, rue de la Victoire

Désignation des Objets

TAPISSERIES

1 — Très belle tapisserie de Lille, XVIIIe siècle, partie tissée d'argent, représentant la Chasse de Diane. Charmante composition dans laquelle on voit la déesse suivie de ses lévriers, précédée d'une nymphe sonnant du cor, forçant le sanglier blessé qui fait tête à la meute. Au premier plan du paysage se dessinent des buissons de fleurs. A droite, au milieu des bouquets d'arbres, on voit un moulin. Superbe bordure en guirlandes de fleurs et de fruits, au milieu desquels voltigent des paons et autres oiseaux de toute espèce.

Remarquable par sa conservation et sa tonalité.

2 — Très belle tapisserie de la manufacture de Lille, représentant dans un parc de château un seigneur et

une châtelaine en riches costumes du XVIe siècle, indiquant à leur jeune garçon un groupe d'enfants en très élégants costumes, jouant au pot renversé.

Dans les branchages sont perchés des perroquets. A droite, près d'une fontaine, deux lévriers accouplés. Époque Louis XIV.

3 — Grande tapisserie représentant une offrande à Junon, dans l'intérieur du temple de la déesse. Composition de douze personnages. Bordure à ornements avec armoiries au fronton, empiétant sur le champ. XVIIe siècle.

4 — Tapisserie représentant un sacrifice dans l'intérieur d'un temple. Composition de nombreuses figures groupées sur les colonnades et dans les galeries. XVIIe siècle.

Ces deux tapisseries proviennent de l'ancienne abbaye de Luxeuil.

5 — Grande et belle tenture en tapisserie dite verdure, représentant un paysage accidenté et boisé, avec bordure à guirlandes de fleurs et feuillages enroulés.

6 — Petit panneau de tapisserie, représentant deux vases de fleurs dans un paysage. Bordure sur deux côtés, à écussons et ornements.

7 — Tapisserie du XVIIe siècle, représentant deux léopards dans un paysage accidenté, arrosé par un cours d'eau. Bordure sur les côtés, à fleurs, ornements et oiseaux.

8 — Tapisserie dite *verdure* : Paysage accidenté.

TABLEAUX, PASTELS

HOLBEIN

(École de)

9 — *Très beau portrait d'un disciple de Calvin.*

Vu de face, tenant la Bible dans ses mains, habillé d'une robe rouge avec un manteau noir doublé de fourrure, coiffé d'une toque noire.

ÉCOLE DU XVIe SIÈCLE

10 — *Joli portrait de jeune gentilhomme.*

En costume de velours noir, fraise blanche, coiffé d'un toquet noir, vu presque de face.

GREUZE

(Attribué à et signé JEAN-BAPTISTE)

11 — *La Récureuse.*

Joli tableau.

RIGAUD

(D'après)

12 — *Portrait du duc de Lesdiguières.*

Pastel.

NATTIER

(D'après)

13 — *Portrait de la princesse de Bourbon-Conti.*

Pastel.

LARGILLIÈRE

(D'après)

14 — *Portrait du peintre.*

Pastel.

OBJETS D'ART ET D'AMEUBLEMENT

15 — Très belle crédence en bois sculpté du XVIe siècle, s'ouvrant à deux portes, offrant en haut-relief des têtes de personnages sur fonds à ornements, avec montants d'un dessin très délicat. Remarquable par sa conservation.

16 — Très beau meuble en noyer sculpté, forme crédence, s'ouvrant à deux portes avec sujets en bas-relief, couronné par un fronton. XVIe siècle.

17 — Jolie commode à deux tiroirs en bois de luxe, ornée de bronzes dorés; dessus en marbre. Époque Régence.

18 — Pendule d'aspect architectural, en bois noir, richement ornée de bronzes dorés. Louis XIV.

19 — Paire de très beaux candélabres formés de vases en émail cloisonné de Chine, avec montures en bronze doré et bouquets de fleurs à six lumières. Style Louis XIV.

20 — Grande vasque ronde, décor bambou, en porcelaine de Chine.

21 — Torchère formée par une potiche en vieux Chine, décor bleu, avec monture et bouquets de lumières en bronze doré.

22 — Paire de potiches en porcelaine de Saxe, décor à fleurs et fruits en relief.

23 — Christ en bois sculpté sur croix en bois. XVIIIe siècle.

24 — Pendule en marbre blanc avec sujet allégorique : Nymphes et Amour en bronze doré. Époque Louis XVI.

25 — Pendule en marqueterie de cuivre ornée de bronzes dorés, cadran signé *Balthazard*.

26 — Deux vases en ancienne faïence de Nevers, décor sujet chinois en bleu.

27 — Deux très beaux plats ovales en ancienne faïence d'Urbino, décorés au centre de sujets bibliques et sur le bord de compositions raphaélesques.

28 — Beau plat ovale en ancienne faïence d'Urbino, représentant l'Archange poursuivant les impies; inscription descriptive au revers.

29 — Beau plat rond en ancienne faïence de Castelli, représentant le Triomphe d'Amphitrite, avec armoirie sur le bord.

30 — Petit plat rond très creux au centre, en faïence de Gubbio, décor à reflets métalliques à figure de sphinx, feuilles d'acanthe et arcades fleuries.

31 — Joli plat en ancienne faïence d'Urbino, offrant au centre, dans le creux, un amour décochant un trait : à gauche, sur le bord, le Christ et deux personnages : à droite, un autre personnage assis, tenant un sceptre à la main.

32 — Coupe sur piédouche en ancienne faïence d'Urbino, représentant Diane et Apollon.

33 — Cuillère en buis sculpté, manche à figures allégoriques au Nouveau Testament, xvie siècle.

34 — Cachet en fer reperçé, dessin à arabesques, xv.[e] siècle.

35 — Étui de nécessaire en aventurine, monture en cuivre, Louis XVI.

36 — Curieux plat en ancienne porcelaine de Florence dite de Médicis, décor à fleurs au centre, bordure à jetées de fleurs, entrecoupé de trophées aux boules des Médicis. Au revers, le dôme de Florence avec le monogramme F.

37 — Fraisier de Delft, décor en bleu dessous et dessus : supporté par trois boules.

38 — Beau plat oblong à bords contournés en vieux Moustiers, décor à sujet d'après Bérain, dessin très fin en bleu.

39 — Groupe en biscuit de Lorraine, représentant Télémaque, Calypso et Mentor.

40 — Plat oblong en vieux Moustiers, décor à buste de femme et composition d'après Bérain.

41 — Grand plat en vieux Chine, famille rose, décor à fleurs, bordure à lambrequins.

42 — Grand plat en vieux Saxe, décor à fleurs.

43 — Plat rond en vieux Saxe, bords gaufrés, décor à fleurs.

44 — Plat rond en vieux Saxe, décor à gerbes de fleurs.

45 — Trois compotiers en vieux Saxe Marcolini, décor à fleurs.

46 — Deux compotiers en vieux Chine, décor à fleurs et arbrisseaux à rehauts d'or.

47 — Deux seaux à rafraîchir argentés.

48 — Grand réchaud ovale avec cloche, argenté.

49 — Réchaud rond avec cloche, argenté.

50 — Carafe en cristal taillé, monture argent.

51 — Pot à tabac en émail cloisonné du Japon, fond rouge.

52 — Coupe sur piédouche en faïence italienne, représentant le combat des Sabins et des Romains ; signée au revers du monogramme C. G.

53 — Plat rond en faïence italienne, représentant un campement.

54 — Plat rond en gris craquelé du Japon, décor : figure de personnage en émaux de couleur, à gouttelettes et rehaussé d'or.

55 — Tasse et soucoupe de Sèvres, décor gros bleu avec médaillons à portraits historiques.

56 — Petit plateau rond en ancien émail cloisonné de Chine, fond bleu turquoise à fleurs en couleur.

57 — Tasse et soucoupe de Saxe, décor à fleurs en relief.

58 — Statuette équestre formant cassolette, en bronze du Japon.

59 — Deux petites aiguières en porcelaine de Chine, décor en mosaïque rouge et verte.

60 — Pomme de canne : buste d'homme en porcelaine de Saxe.

61 — Flacon forme rocaille en porcelaine de Saxe, décor à sujet champêtre.

62 — Curieux peigne gothique en buis sculpté, dessin ogival à jour.

63 — Mesure de cordonnier en bois sculpté. XVIIe siècle.

64 — Très joli petit miroir en ivoire finement sculpté, dessin à cariatides de femmes, mascaron et ornements, style Renaissance ; dans son écrin.

65 — Reliure de livre en argent repercé à jour. XVIIIe siècle.

66 — Deux beaux fermoirs de livres en argent repoussé et repercé à jour. XVIIIe siècle.

67 — Deux coupes de Chine fond craquelé, décor en relief.

68 — Précieux dizain en ivoire très finement piqué d'or, composé de dix boules offrant alternativement, sur l'une, des coquilles de pèlerin, et, sur l'autre, des fleurs de lis entrecoupées par des flammes. L'ordre du Saint-Esprit, de même travail, y est attaché par une boule plus grosse que les autres au chiffre du roi Henri II, avec la couronne royale et les flammes du Saint-Esprit.

69 — Timbale en argent finement gravé, à médaillons : sujets champêtres, allégoriques au mois de juin. XVIIe siècle.

70 — Très beau hanap en argent repoussé, décor à bossages contournés, représentant des dragons fantastiques, des figures d'amours et des palmes fleuronnées autour de la panse; la gorge est décorée de mascarons et de rinceaux; le couvercle, d'un joueur de flûte assis sur des arabesques, couronné par un lion héraldique.

71 — Buste-reliquaire en bronze : *la Divine Béatrix d'Aragon.*

72 — Beau buste en marbre blanc : *la Du Barry.*

73 — Joli cartel en bronze doré, modèle à rocailles fleuronnés. Époque Louis XV.

74 — Plaque ovale en ancien émail de Limoges, représentant le Christ martyr sur fond à ornements enroulés, peinture en grisaille rehaussée d'or, avec cadre en bois sculpté et doré.

75 — Belle applique de serrure en bronze ciselé et doré, décor à figures allégoriques et trophées guerriers. Style Renaissance.

76 — Deux plaques rectangulaires en ancien émail de Limoges, représentant saint Pierre et saint François. Peintures en couleur de Laudin, avec cadres en bois noir guilloché.

77 — Grande plaque ronde en émail de Limoges, représentant un fleuve et des nymphes: peinture en grisaille.

78 — Plaque rectangulaire en ancien émail de Limoges, représentant l'Annonciation ; peinture en couleur ; cadre en bois noir.

79 — Petit bas-relief en ivoire : scène de la vie du Christ, encadré. XVIIe siècle.

80 — Joli petit couteau avec manche en ivoire, formé par une figurine d'amour aux yeux bandés. XVIIIe siècle.

81 — Manuscrit du XVIe siècle enrichi de miniatures à fond d'or et avec majuscules et texte partie en couleur.

82 — Nombre de catalogues illustrés des collections célèbres.

83 — Bel ameublement de salon en bois sculpté et doré, de style Louis XVI, forme carrée, à dossiers dits anses de panier, composé d'un canapé, quatre fauteuils, deux chaises, le tout recouvert en velours de Gênes polychrome, dessin branches de bruyère fleuries sur fond crème.

84 — Huit jolies chaises légères en bois sculpté et doré, dossiers à lyres, recouvertes en velours de Gênes, dessin bouquet de fleurs polychrome, sur fond crème.

85 — Deux belles décorations de fenêtres sur galeries en bois sculpté et doré, de style Louis XVI, avec des

enroulements de draperies en satin de soie couleur beige, chutes drapées en même étoffe, doublées de peluche vieux rose, grands rideaux relevés à l'italienne en satin beige et pentes en peluche vieux rose.

86 — Deux consoles en bois sculpté et doré, Louis XVI, avec dessus de marbre.

87 — Meuble en bois de fer sculpté, de Chine, fond garni de glace.

88 — Deux fauteuils, style Henri II, en noyer sculpté, recouverts en velours de Gênes, à dessin fond mousse.

89 — Piano droit, de Gilson.

90 — Dos de piano en broderie ancienne sur peluche.

91 — Meuble de salon, de style Louis XV, recouvert en tapisserie d'Aubusson, composé d'un canapé, huit fauteuils et quatre chaises.

92 — Mobilier de chambre en vieil acajou, avec filets de cuivre et appliques de bronze, de style Louis XVI, composé d'un grand lit de milieu avec son sommier et sa literie complète, d'une armoire grand modèle s'ouvrant à une porte garnie d'une glace biseautée.

93 — Table de nuit à cylindre et une grande toilette

s'ouvrant à deux portes, avec dessus en marbre blanc, à étagère surmontée d'une glace biseautée dans un cadre en vieil acajou à filets de cuivre.

94 — Deux chaises en acajou ornées de cuivre, recouvertes en velours de Gênes.

95 — Bureau en acajou, à filets de cuivre, de style Louis XVI, avec tabernacle formé par un panneau garni d'une glace biseautée et étagères en marbre blanc sur le côté, à fond de glaces biseautées.

96 — Crédence en marqueterie métallique sur fond de noyer ciré, de style Louis XVI, à colonnettes et avec étagères sur les côtés.

97 — Vitrine, décor genre vernis Martin, à personnages, garnie de trois glaces cintrées.

98 — Deux bergères, époque Louis XVI, en noyer ciré, garnitures à coussins.

99 — Autre bergère Louis XV, garniture à coussins, recouverte en velours d'Utrecht vieux bleu.

100 — Deux grands fauteuils Louis XVI, en noyer ciré et sculpté, recouverts en tapisserie ancienne.

101 — Petit canapé en noyer ciré et sculpté, de style Louis XV, recouvert en lampas de soie à fleurs en polychrome sur fond grenat.

102 — Canapé recouvert en étoffe orientale de Tiflis.

103 — Trois fauteuils et chaise forme coussin, recouverts en tapis de Daghestan.

104 — Deux tapis de table richement brodés.

105 — Dessus de lit en broderie au passé, sur peluche vieux bleu.

106 — Armoire normande en chêne sculpté.

107 — Bibliothèque en noyer sculpté, époque Louis XV, ouvrant à deux portes vitrées.

108 — Deux statuettes en porcelaine de Saxe. Époque Louis XVI.

109 — Aiguière en Capo di Monte, décor en relief.

110 — Quatre assiettes en Capo di Monte, décor en relief.

111 — Deux vases en porcelaine décorée, de style Empire.

112 — Gourde en porcelaine de Chine, à décor polychrome sur fond blanc.

113 — Jardinière orientale en bronze damasquiné.

114 — Brûle-parfums en bronze. Travail japonais.

115 — Jardinière ronde en faïence ancienne de Tallavera.

116 — Jardinière en bronze doré formant guéridon, avec dessus en marbre onyx.

117 — Plusieurs tapis d'Orient. (Seront vendus séparément.)

118 — Plusieurs sièges en étoffe de fantaisie. (Sera divisé.)

119 — Très beau meuble en noyer sculpté à étagère.

120 — Dix chaises en noyer couvertes en drap rouge avec application.

121 — Table carrée de style Henri II, avec allonges.

122 — Petite commode ancienne avec dessus en marbre de couleur.

123 — Bonheur du jour en marqueterie, ébène et ivoire.

124 — Table carrée en marqueterie d'ébène et d'ivoire. Travail français.

125 — Trois décorations de fenêtres en panne de nuance cuivre, encadrées de bordures genre vieille tapisserie avec bandeaux ornés de franges, et embrasses assorties.

126 — Petite pendule Empire en bronze doré, très finement ciselé.

127 — Très beaux plateaux, argenture de Froment-Meurice.

128 — Jolie toilette psyché en porcelaine de Saxe.

129 — Plusieurs tapis d'appartement.

130 — Stores tulle brodés et rideaux de vitrages.

131 — Beau cartel Louis XVI, bronze doré.

132 à 137 — Divers objets d'étagère : porcelaines, laques, bronzes, etc.

138 — Belle commode en bois rose et palissandre, forme ventrue, ornée de bronzes dorés. Epoque Louis XIV. Dessus en marbre rouge veiné.

139 — Belle commode en marqueterie de bois, côtés cannelés de cuivre, avec poignées et ornements en bronze doré; dessus en marbre rouge. Epoque Louis XIV.

140 — Armoire normande en bois sculpté, à fronton. Louis XV.

141 — Armoire normande en bois sculpté, avec ornements en bas-reliefs sur les battants. Louis XVI.

142 — Armoire normande en bois sculpté. Louis XVI.

143 — Trois meubles à deux corps, forme buffets, en bois sculpté.

144 — Six assiettes de vieux Chine et vieux Japon.

145 — Panneau en bois sculpté. Travail gothique. — Long., 1 m. 23 cent.; haut., 65 centimètres.

146 — Panneau en bois sculpté, représentant *la Descente du Saint-Esprit.* — Long., 1 m. 22 cent.; haut., 75 centimètres.

147 — Panneau en bois sculpté, avec quatre cariatides. Henri II. — Long., 1 m. 42 cent.; haut., 69 centimètres.

148 — Panneau en bois sculpté, représentant *les Quatre Évangélistes* et *Sainte Véronique.* — Long., 1 m. 70 cent.; haut., 70 centimètres.

149 — Deux petits panneaux bois sculpté. Henri II.

150 — Deux autres panneaux en bois sculpté, à mascarons.

151 — Commode en bois rose et palissandre, ornée de bronzes dorés; dessus de marbre. Époque Louis XV.

152 — Commode Louis XIV, en bois de luxe, côtés cannelés de cuivre, ornée de bronzes; dessus en marbre.

153 — Très beau meuble cabinet hispano-arabe, XVIe siècle.

154 — Garniture de cheminée, de style Louis XVI, en onyx et bronze ciselé et doré, composée d'une pendule avec buste, et de deux candélabres.

155 — Garniture de cheminée en bronze doré, composée d'une pendule avec sujet : Jeune Fille au poulet, et de deux candélabres.

156 — Petite garniture de cheminée en bronze doré, avec plaques de porcelaine décorée, genre Sèvres, composée d'une pendule et de deux candélabres.

157 — Paire de lampes en émail cloisonné, monture bronze.

158 — Porte-bouquet en cristal, monture bronze doré.

159 — Encrier en bronze, de la maison Barbedienne.

160 — Paire de vases en porcelaine de Chine, forme bouteilles.

161 — Dessus de piano droit en peluche brodée.

162 — Trois paires de rideaux en étoffe grise, avec application de dessins rouges.

163 — Cabinet en laque de Chine avec incrustations de nacre.

164 — Armoire normande.

165 — Lanterne en fer forgé.

166 — Deux lampes juives. (Ce lot sera divisé.)

167 — Deux grands seaux en cuivre repoussé de Venise. (Ce lot sera divisé.)

168 — Grande jardinière en faïence.

169 — Petite veilleuse en cuivre poli.

170 — Paire de flambeaux en cuivre.

171 — Soufflet en bois sculpté.

172 — Garniture de cheminée composée d'une pendule en marbre noir avec sujet : Tête d'Ajax, deux petits flambeaux en bronze vert, statuettes du dieu Pan, et de deux petites coupes sur pied.

173 — Paire de lampes en bronze.

174 — Garniture de cheminée de style Louis XVI, en onyx avec ornements de bronze ciselé et doré, composée d'une petite pendule et de deux candélabres.

175 — Deux belles vitrines-bibliothèques en bois noir, à trois vantaux chacune. — Haut., 1 m. 65 cent. ;

larg., 2 m. 25 cent. La partie centrale de l'une d'elles est disposée pour recevoir des *fusils de chasse*.

Toutes deux sont posées sur des socles en peluche rouge.

176 — Cheminée en bois noir.

177 — Bibliothèque tournante en bois noir, de chez Terquem.

178 — Beau paravent chinois à quatre feuilles brodées d'oiseaux et de fleurs sur fond crème, montées dans des cadres de bois de fer supportés par des tigres couchés.

179 — Beau lot de broderies chinoises en deux tons de bleu sur fond cerise. — Morceaux longs et carrés.

180 — Commode palissandre et acajou à deux battants, fermant sur les tiroirs.

181 — Cinq galeries de croisées en bois sculpté et doré.

182 — Trois draperies de croisées en brocatelle cerise à bouquets de fleurs.

183 — Très belle garniture de cheminée, composée d'une pendule formée par un groupe de trois enfants supportant une mappemonde (avec cadran) et de deux grands candélabres à dix lumières chacun. Le tout en bronze doré et bronze vert.

184 — Riche surtout de table (de Froment-Meurice), provenant de la vente de Mme la duchesse d'Orléans, composé de trois pièces (dont une centrale et deux d'extrémité), en bronze doré et ciselé, enrichi de pierreries.

185 — Petit lustre en cuivre poli, avec lampe juive au-dessous. Style XVIe siècle.

186 — Meuble de salon style Louis XVI, en tapisserie d'Aubusson, composé d'un canapé, quatre fauteuils et quatre chaises.

187 — Grande pendule style Louis XIV, avec son socle-console en marqueterie de cuivre sur fond d'écaille, garnis de bronzes dorés.

188 — Objets non catalogués.

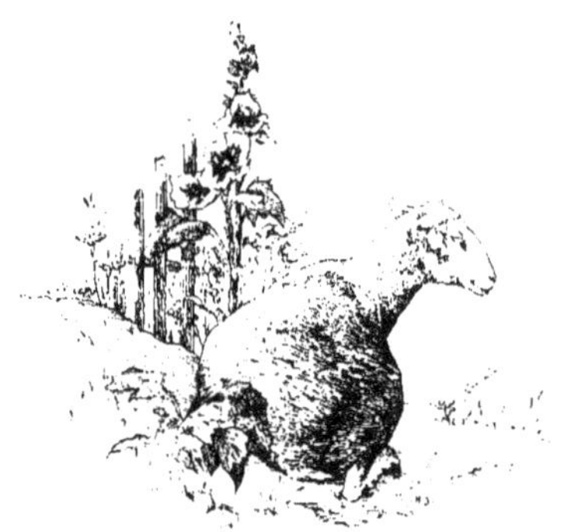

www.ingramcontent.com/pod-product-compliance
Lightning Source LLC
LaVergne TN
LVHW010253230826
846091LV00007B/2945

* 9 7 8 2 3 2 9 5 3 6 1 3 2 *